5ᵉ LETTRE

SUR

L'URGENCE ET LES MOYENS DE RÉFORMER

LA NAVIGATION ARTIFICIELLE

ADRESSÉE

à Monsieur le Ministre des Finances.

Monsieur le Ministre,

Dans les deux Mémoires que nous avons pris la liberté d'adresser à vos prédécesseurs le 18 novembre 1849 et le 25 juin 1850, sur l'urgence et sur les moyens de réformer l'exploitation des canaux de l'État, et dans celui que nous avons adressé le 1ᵉʳ décembre 1850 aux membres de l'Assemblée législative au sujet du projet de loi relatif au rachat des actions de jouissance des canaux, nous avons dit :

« 1° Le rachat des actions de jouissance, qu'il précède ou qu'il ac-
» compagne la réorganisation du régime actuel d'exploitation, est une
» mesure préparatoire indispensable. Ce n'est pas la réforme, mais
» c'est la condition préalable de la réforme.

» 2° Ce rachat, en tant qu'isolé des mesures qui doivent l'accompa-
» gner ou le suivre, est une opération purement financière qui ne nous
» concerne en aucune manière. »

Nous ajoutions, le 18 novembre 1849 : « Nous n'avons ni la mission
» de prendre en mains la défense des porteurs d'actions de jouissance,

» ni aucun intérêt à le faire. » — Le 2h juillet 1850 : — « Tout moyen
» qui vous semblera bon et avantageux au pays aura notre concours
loyal. » — Et le 1er décembre 1850 : — « La solution, la meilleure si
» possible, mais avant tout et par-dessus tout une solution ! »

Il est vrai que nous n'avons pas cessé de développer les arguments
qui, au point de vue des intérêts généraux, nous paraissaient se présenter en faveur de la simultanéité des opérations que doit embrasser la
réforme, savoir : le rachat, l'administration, la tarification et le perfectionnement des voies d'eau, ou, pour tout dire d'un seul mot, en faveur
du rachat par un fermier.

Nous étions d'accord en cela avec les anciennes Chambres, qui, en
1844 et en 1845, repoussèrent le rachat par le Trésor; avec les diverses
commissions de budget, qui, depuis 1833 (M. Gouin, rapporteur pour
le budget 1840) jusqu'à 1847 (M. Bignon, rapporteur pour le budget 1848), ont recommandé l'affermage et une solution immédiate;
avec la grande Commission présidée par M. Dumon, qui, au rapport de
M. le comte Daru, a fortement motivé, le 19 février 1848, ses conclusions favorables à un projet de bail portant le rachat par un fermier
chargé de l'exploitation ; avec la Commission administrative présidée
par M. le comte Daru, qui, en août 1849, a formulé de même un pré-
avis favorable au même système ; avec MM. Lacave-Laplagne, Dumon,
Jayr et Passy, qui, en leur qualité officielle, ont spontanément entamé
des négociations tendant aux mêmes fins. Tout dernièrement enfin, le
système que nous avions développé dans nos Mémoires sus-relatés a
rencontré l'approbation, quasi-unanime, de la Commission législative
chargée de l'examen des projets de loi du 16 novembre 1850, approbation motivée dans le rapport de M. Berryer, du 4 juillet 1851.

Le Gouvernement, qui, en tant d'occasions différentes, s'était montré
favorable à ce système, l'a repoussé depuis la fin de 1850, et le décret du
24 janvier dernier a ordonné le rachat, aux frais du Trésor, des actions
de jouissance des Quatre-Canaux, de Bourgogne et du Rhône au Rhin,
réservant expressément dans leur entier toutes les questions qui se rat-
tachent à l'amélioration et au développement de la navigation artificielle.

Ce que nous avions dit avant le décret, nous pouvons le répéter aujourd'hui : le point de vue financier nous est totalement étranger, et pourvu qu'avec les actions de jouissance disparaisse la fin de non-recevoir opposée à toutes les tentatives de réforme, il ne nous importe nullement que le rachat de ces actions s'opère, à l'amiable, par un tiers plutôt que par l'État, au moyen de l'expropriation forcée.

La question industrielle se trouvant réservée, nous ne regrettons la simultanéité des opérations que par suite de l'urgence qui nous paraît exister de donner satisfaction à des intérêts légitimes, depuis si longtemps et si cruellement en souffrance.

Il n'est pas besoin, pensons-nous, d'insister auprès de vous, Monsieur le Ministre, pour vous convaincre de cette urgence.

Dès l'instant que le Trésor consent à prendre à sa charge une nouvelle dépense, qui ne laisse pas d'être fort considérable, pour le rachat des actions de jouissance, il surgit un argument nouveau, puissant, irrésistible, en faveur d'un remaniement complet et immédiat du régime actuel, dont les résultats négatifs vont se trouver aggravés par cette nouvelle charge.

Une réforme intelligente embrassant à la fois le mode de l'exploitation, la tarification et l'état matériel des voies d'eau, c'est ce que réclament de votre sollicitude, Monsieur le Ministre, les intérêts généraux si directement influencés par l'état, bon ou mauvais, des voies de communication, et c'est à ce triple point de vue que nous prenons la liberté de vous présenter quelques observations.

Nous réfuterons en même temps quelques-unes des considérations présentées par le Comité des houillères et des usines dans son Mémoire d'octobre 1851, et qui, destinées à appuyer le rachat, par le Trésor, des actions de jouissance, sont en réalité dirigées contre l'affermage des canaux.

Nous n'aurons garde de vous fatiguer de considérations générales sur le mérite comparatif de l'exploitation par l'État et de l'exploitation par l'industrie privée. D'autres, plus compétents que nous, ont traité d'une manière approfondie et concluante cette question, que nous avons nous-mêmes abordée dans notre Mémoire du 18 novembre 1849. Évidemment les opinions sont formées en ce qui touche les principes; et quant à l'application, quoique l'exposé des motifs du 16 novembre 1850 se termine par cette phrase suspensive : « Soit que le Gouvernement *finisse* par affermer, soit qu'il conserve l'exploitation, » les concessions faites à l'industrie de l'exploitation de la *ligne* des paquebots du Levant, du chemin de Chartres, et de ceux de Lyon et d'Avignon et de tant d'autres, notamment de celui de Bordeaux à Cette, démontrent jusqu'à l'évidence quelles sont les tendances actuelles du Gouvernement. C'est ce qu'indique au reste fort nettement l'exposé des motifs du 21 janvier dernier.

Mais trop souvent l'application d'un principe vient échouer devant la séduction des ajournements ou sous la pression égoïste des intérêts routiniers engagés dans une voie différente. Toute réforme, même la plus urgente et la mieux combinée, blesse en quelque point ou du moins effarouche les positions faites qui ne demandent qu'à suivre placidement leur ornière. C'est ainsi que les usiniers, dans leur Mémoire, passent sous silence les vices et les souffrances de l'état actuel de la navigation, et qu'ils s'attachent à amplifier les inconvénients possibles d'une ferme qui serait combinée de manière à permettre une rémunération convenable. Au lieu de signaler les correctifs, s'il y en a, à introduire dans le cahier des charges, ils réclament des conditions impossibles et des garanties exagérées et, à vrai dire, illusoires, et, tout en accordant le principe, ils le condamnent à la stérilité et en voudraient faire une lettre morte.

C'est dans une semblable tactique que, depuis quatorze ans, les partisans du *statu quo* quand même ont trouvé un point d'appui plausible pour gagner du temps et pour ajourner, de session en session, la solution d'un problème, délicat sans doute, mais important, puisqu'il constitue un des éléments qui déterminent le prix de revient des consommations.

Il ne saurait en être ainsi plus longtemps, et le moment est venu de sortir la question du champ des théories et de la discussion, et de se placer sur le terrain pratique pour assigner enfin aux canaux le rôle qu'ils doivent jouer désormais dans le réseau de nos voies de grande communication.

Pour cela il convient avant tout de dégager les bases mêmes de la question des obscurités qu'on y a jetées comme à plaisir, et d'établir nettement la vérité des faits en ce qui concerne le coût général des canaux d'une part, et d'autre part leurs produits en utilité et en revenus, en constatant non-seulement les résultats réels obtenus jusqu'à ce jour, mais aussi les dépenses normales que doit entraîner leur entretien annuel, de manière à pouvoir apprécier les exigences auxquelles il y a nécessité de pourvoir et les meilleurs moyens d'y satisfaire.

Coût des Canaux.

Si on veut se rendre compte du montant réel des sommes dépensées par le Trésor public pour la construction des dix canaux compris dans le projet de ferme du 14 juillet 1851 : *Rhône au Rhin, Bourgogne, Centre, Latéral à la Loire, Nivernais, Berry, Nantes à Brest, Ille-et-Rance, Blavet* et *Arles à Bouc*, il ne suffit pas d'ouvrir les budgets et les comptes rendus de finance pour y relever seulement les sommes qui figurent au ministère des travaux publics, il faut relever aussi celles qui sont portées sous le chef *Canaux* au ministère des finances.

C'est en passant sous silence les dépenses supportées par le département des finances à titre d'intérêt et d'amortissement, que le rapport de la Commission législative du 4 juillet 1851 a pu ne les évaluer qu'à 269,742,000 fr. en bloc, conformément auxdits états.

Le *Journal des Économistes* du 15 juillet 1851, n° 123, de son côté, faisant confusion avec le produit de l'emprunt de 108 1/2 millions, qui constitue une recette et non une dépense, et ne tenant pas compte du coût du canal du Centre, ne porte le coût général qu'à la somme

de fr. 251,564,000 $\left\{\begin{array}{l} \text{fr. } 49,432,990 \text{ antérieurement à l'emprunt.} \\ \text{» } 108,500,000 \text{ montant de l'emprunt.} \\ \text{» } 93,631,010 \text{ postérieurement à l'emprunt.} \end{array}\right.$

Or, le chiffre de la dépense réellement imposée au Trésor public doit s'établir comme suit :

Au montant des états officiels fournis par les ponts et chaussées, et

qui s'élèvent à la somme de................ fr. 269,742,000
il faut ajouter :

Pour le montant des intérêts de 1821 à 1832 imputés sur les derniers versements de l'emprunt, lequel n'a ainsi produit au Trésor que fr. 82,608,530............ fr.   25,891,470

Pour le montant des annuités à payer depuis 1828 jusqu'à 1868............... » 260,828,557

fr. 286,720,027

Formant un total de.................... fr. 556,462,027
Sur lesquels l'emprunt a fourni........... » 108,500,000

En sorte qu'il reste à la charge du Trésor.... fr. 447,962,027 (1)

Nous faisons appel à votre chef de comptabilité ou de trésorerie ; qu'il dise si notre calcul n'est pas mathématiquement exact.

Toutefois, dans les appréciations qui vont suivre du résultat utile d'une dépense anssi considérable, nous n'aurons garde de faire entrer en ligne de compte la charge annuelle de 22 à 23 millions, qui figure désormais en augmentation de la dette publique par suite de cette importante création.

Nous avons seulement voulu en constater le coût. Voyons maintenant jusqu'à quel point elle est productive d'utilité.

Produits en utilité.

La circulation sur les 10 canaux dont nous nous occupons s'est élevée en moyenne, par année .

De 1845 à 1847 à   *118,500 tonnes* par kilomètre ;
    (3 ans)   soit *233,554,000 tonnes* transportées à 1 kilomètre ;
De 1848 à 1850, à   *91,000 tonnes* par kilomètre ;
    (3 ans)   soit *179,392,000 tonnes* transportées à 1 kilomètre.

---

(1) Voyez le tableau annexé.

De 1845 à 1850, à   *104,800 tonnes* par kilomètre.

(6 ans)   soit *206,463,000 tonnes* transportées à 1 kilomètre.

Les deux extrêmes de la circulation se trouvent :

En 1847, pour le maximum, soit 136,400 tonnes par kilomètre.

En 1848, pour le minimum, soit   79,600 tonnes par kilomètre.

Ces chiffres ne suffisent-ils pas, tant par eux-mêmes que par comparaison avec les résultats que présentent les canaux de Belgique, d'Angleterre et des États-Unis, pour constater non-seulement que l'opération consommée aux frais du Trésor et exploitée par le Gouvernement, n'a pas été productive d'utilité, mais encore et surtout de deux choses l'une : ou que la matière à transporter, c'est-à-dire la production et la consommation, demeure chez nous à un degré fort inférieur de l'échelle moyenne, ce que nous nions hardiment, ou bien que les canaux repoussent, au lieu d'attirer la marchandise par suite d'un vice inhérent à leur régime actuel, et c'est là la thèse que nous soutenons depuis quatorze ans, et à laquelle les faits ne donnent que trop raison.

Mais, dira-t-on, la concurrence des chemins de fer explique la médiocrité du tonnage qui est le partage des voies d'eau (1). A quoi nous pourrions répondre que l'expérience est encore à faire ; car, d'une part, de 1845 à 1850, il n'y a pas eu une seule ligne ferrée complétement achevée, et exploitée en concurrence avec une des voies d'eau dont il

---

(1) Le Comité des houillères soutient la thèse contraire, et dans un calcul comparatif entre les chemins de fer et les canaux, il prétend établir que l'utilité des canaux est cinq fois supérieure à celle des chemins de fer.

Quoique ce point de vue comparatif soit étranger à la question qui nous occupe, nous ne voulons pas laisser passer, sans la relever, une conclusion si extraordinaire.

En fait, et d'après les documents officiels, la circulation s'est élevée en moyenne, pour les trois dernières années 1848 à 1850 :

Chemin d'Orléans, à tonnes 309,550 par kilomètre)
Chemin de Rouen.   »   269,550   *id.*   } voyageurs non compris.
Dix Canaux....... »   94,000   *id.*   )

ce qui réduit l'utilité relative des canaux au tiers de celles des chemins de fer.

Le Comité a sans doute pris, par inadvertance, le produit d'un semestre pour celui d'une année, quand il indique, sans date, la circulation du

Chemin d'Orléans, à tonⁿᵉˢ 48,949,742 transportées à 1 kᵐ. (soit p. 131 kᵉ. tonᵉˢ 144,650 p. kᵒ)
Chemin de Rouen,   »   48,220,491   *id.*   1 kᵐ. (soit p. 137 kᵉ.   »   133,000 »   )

Puis, comme il établit sa comparaison sur le nombre de tonnes transportées à 1 kilom., sans tenir compte du nombre de kilomètres parcourus, il lui enlève toute signification.

s'agit ; et d'autre part, les canaux ne sont pas encore, à cette heure, en état de produire tout leur effet.

Cette explication ne serait donc ni sérieuse, ni concluante, et, convaincus comme nous le sommes que le soleil brille pour tout le monde, pour les canaux aussi bien que pour les chemins de fer, nous ne cesserons de demander que chaque instrument de circulation soit établi, entretenu et exploité dans les conditions qui lui sont propres et indispensables, pour qu'il puisse développer toutes ses ressources, et nous nous bornerons à citer quelques exemples des résultats utiles que peut offrir un réseau de navigation convenablement exploité en concurrence même avec le plus grand développement possible des voies ferrées.

Le *Grand Jonction-Canal*, auquel se trouve juxtaposé le *London et North-Western Railway*, triomphant de la concurrence de son redoutable et gigantesque rival, a vu s'accroître sa circulation :

De   756,894 tonnes en moyenne pour 1833 à 1835,

A 1,039,333 tonnes en moyenne pour 1834 à 1847,

Et 1,163,466 tonnes en 1847.

Le *Trent et Mersey-Canal* présente de même une circulation croissante :

De 1,184,600 tonnes en moyenne pour 1840 à 1844,

A 1,366,500 tonnes en moyenne pour 1845 à 1849,

Et 1,449,110 tonnes en 1847.

Ce ne sont certes pas là des indices d'infériorité en ce qui concerne les services que les voies d'eau bien administrées peuvent rendre à l'alimentation d'un pays; et quand on voit les états officiels indiquer :

1,500,000 tonnes sur le canal Érié. . . . . \
1,600,000   *id.*   *id.*   de Mons à Condé. . . . . \
1,400,000   *id.*   *id.*   de Bruxelles au Rupel. / en 1846.
  700,000   *id.*   *id.*   *id.*   à Charleroi. /

quoique les éléments nous manquent pour ramener ces chiffres à l'unité de parcours, la question d'utilité possible nous paraît largement constatée, et appeler une enquête sévère sur les causes qui, trop longtemps, ont comprimé chez nous la navigation artificielle.

Voyons, cependant, si l'élévation du revenu compense du moins, ou explique la modicité du tonnage circulant sur nos canaux.

Produits en revenus. — Produits bruts.

A quelques différences insignifiantes près, il n'y a pas de contestations sur le chiffre des revenus bruts, qui s'établit comme suit :

Moyenne de 3 ans, 1845 à 1847, fr. 4,682,000, péage, décime et accessoires compris.

Moyenne de 3 ans, 1848 à 1850, fr. 3,831,000, *id.*   *id.*

   Id.   de 6 ans, 1845 à 1850, fr. 4,256,000, *id.*   *id.*

Maximum en 1847............. fr. 5,214,000, *id.*   *id.*

Minimum en 1848............. fr. 3,427,000, *id.*   *id.*

La totalité des recettes de 1845 à 1850 s'élève à fr. 25,297,327 pour les six dernières années, suivant le rapport du 4 juillet 1851 ou, plus exactement, croyons-nous, à fr. 25,540,000.

Il a été perçu pendant les six années sus-mentionnées, pour péage et décime seulement, les produits accessoires non compris, fr. 24,411,000 pour 628,800 tonnes, ayant parcouru 1,970 kilomètres, ce qui fait ressortir le péage moyen, y compris le décime, à...................... fr. 0, 01,97 par kil. et par tonne.

Le péage moyen perçu en 1845-

  1847 a été de............ fr. 0, 01,91 *id.*   *id.*

Et en 1848-1850 de......... fr. 0, 02,04 *id.*   *id.*

On ne peut donc sérieusement imputer à l'élévation des péages la répulsion de la marchandise pour les voies d'eau.

Dépenses.

S'il y a accord sur le chiffre des recettes, il n'en est pas de même quant à celui des dépenses, ou, pour mieux dire, quant à la manière de calculer et d'apprécier celles-ci.

Les dépenses que, par une classification arbitraire et inadmissible, ainsi que nous le démontrerons ci-après, les Ponts et Chaussées qualifient d'entretien ordinaire, s'élèvent :

En moyenne , de 1845 à 1847, à fr. 3,019,000 pour trois ans.

    Id.   de 1848 à 1850, à fr. 2,657,000 pour trois ans.

    Id.   de 1845 à 1850. à fr. 2,838,000 pour six ans.

Présentant un maximum de..... fr. 3,148,000 pour 1845.

    Id.   un minimum de. .... fr. 2,296,000 pour 1849.

Nous n'accusons certes pas d'inexactitude ces chiffres officiels ; mais de même que pour constater un fait on demande non-senlement la vérité, mais toute la vérité, de même aussi pour pouvoir apprécier la totalité des dépenses que nécessitent l'entretien et l'administration des canaux, il faudrait ajouter aux chiffres exacts qui sont portés dans les états, plusieurs chefs de dépenses qui y sont omis.

C'est ainsi que nous n'y voyons figurer nulle part :

1° Les frais de perception, qui, à la vérité, sont à la charge du département des finances, mais qui constituent cependant une dépense annuelle.

C'est un oubli involontaire, sans doute, mais c'est une somme de fr. 168,000 en moyenne qui doit être ajoutée aux états ci-dessus relatés;

2° Les dépenses en traitements, frais de bureaux et frais de courses pour la direction générale, l'inspection supérieure et l'administration centrale ;

3° La contribution foncière et les droits de timbre et de patente, qui, dans le cas de mise à ferme, seraient versés au Trésor, et dont l'omission forme un déficit dans les recettes du budget général , ou , en d'autres termes, l'équivalent d'une dépense.

Dès lors , et par cela seul qu'ils sont incomplets , les chiffres officiels ne peuvent servir de base propre à établir la dépense effectuée.

Mais il y a plus , et le tableau des dépenses fût-il complété et augmenté des sommes nécessaires pour satisfaire aux exigences ci-dessus, les faits accomplis seraient encore tout à fait insuffisants pour déterminer la dépense normale.

En effet, et en premier lieu, il résulte des états officiels eux-mêmes que les travaux annuels et les crédits alloués pour l'entretien ont été influencés par les circonstances politiques et financières bien plus que par les besoins du service. Comment expliquer, si ce n'est par les convenances ou les embarras du Trésor, que les dépenses qualifiées ordinaires, c'est-à-dire permanentes et régulières, qui se sont élevées à plus de fr. 3,000,000 pour chacune des quatre années 1845 à 1848, n'aient pas dépassé en 1849 le chiffre de fr. 2,296,000?

En second lieu, les états ne tiennent pas, et à la vérité ils ne peuvent pas tenir compte des dépenses que nécessitera la reconstruction des ouvrages en bois, alors qu'ils entreront dans la période du renouvellement, ce qui n'a pas encore eu lieu pour les canaux ouverts en 1838, non plus que celles qu'occasionnera l'entretien des ouvrages d'art qui ne sont pas encore exécutés et qui, cependant, sont le complément indispensable de la grande œuvre de la canalisation intérieure.

Enfin, et surtout, est-il possible d'admettre la distinction que les ponts et chaussées établissent entre les dépenses ordinaires et les dépenses extraordinaires, en enlevant à celles-ci leur spécialité et les reléguant en dehors de l'appréciation moyenne des produits nets et au rang des dépenses générales du budget? C'est ce que nous allons voir.

Cette catégorie de dépenses, dites extraordinaires, s'est élevée à la somme totale de fr. 3,876,000, pendant les six années 1845 à 1850, soit à fr. 646,000 en moyenne, au maximum de fr. 1,110,000 en 1846, et au minimum de fr. 264,000 en 1850, et rien dans leur ensemble et dans leur détail ne justifie la prétention de les isoler et d'en soulager le budget spécial des canaux.

En effet :

1° La majeure partie de ces dépenses, c'est-à-dire plus de la moitié, porte sur les années 1846 et 1847, et provient de l'inondation de la Loire en octobre 1846, qu'on peut bien appeler extraordinaire, mais qu'on ne doit pas distraire de l'appréciation des chances moyennes d'une exploitation de longue haleine.

2° Une autre portion de ces mêmes dépenses comprend, sur le canal du Rhône au Rhin en particulier, le renouvellement de portes d'écluses, qu'on peut aussi classer à l'extraordinaire, en ce sens que la même porte d'écluse ne se renouvelle pas à l'ordinaire toutes les années, mais qui constitue une portion de la dépense annuelle, en ce sens que sur 20 ou 25 portes d'écluses il faut calculer le renouvellement d'une par année.

3° Aucune des dépenses portées sous cette rubrique n'a été appliquée pour la moindre portion, et quoiqu'on ait avancé le contraire, aux travaux complémentaires de premier établissement, et pour preuve, nous nous bornerons à citer le rapport officiel du Conseil général des ponts et chaussées de 1848, qui évalue à

Fr. 29,427,000 les travaux moyens restant à exécuter,

et le rapport du même corps qui, en 1854, évalue à

Fr. 27,419,000 ces mêmes travaux, en exposant que c'est à la suite d'un nouveau contrôle qu'il a réduit de fr. 2,361,500 à fr. 420,000 les allocations à attribuer au canal d'Arles à Bouc. Il constate ainsi l'identité des travaux à exécuter et des besoins à satisfaire en expliquant la différence de 2 millions que présentent les sommaires ; c'est ce que nous développerons ci-après.

Pour apprécier à un autre point de vue la classification introduite dans les états officiels, il faut remarquer que la dépense de fr. 2,838,000, si elle était admise comme moyenne normale des résultats des années 1845 à 1850, ferait ressortir pour 1,970 kilomètres les frais d'entretien et d'administration à raison de 1 fr. 44 c. le mètre courant, avec un maximum de 1 fr. 60 c. en 1845, et un minimum de 1 fr. 16 c. en 1849.

C'est fort économique ! Mais, de même qu'un militaire à qui on fournirait un état d'après lequel il ressortirait qu'un homme sous les armes n'a coûté que 4 à 500 fr. par an, s'écrierait que le soldat n a pas reçu son nécessaire ; de même, si on prétend qu'un canal puisse être convenablement entretenu et administré à raison de 1 fr. 16 c. ou même de 1 fr. 44 c. en moyenne par mètre courant, il faudra en conclure qu'on cherche à se faire des illusions.

Il suffit d'analyser et de décomposer les comptes officiels pour se convaincre que les dépenses ont été déterminées par des causes étrangères aux besoins du service et qu'elles ont été insuffisantes.

D'une part, ainsi que nous l'avons déjà signalé, 1848 a apporté une réduction de près de 25 0/0 dans les allocations pour la seule catégorie des dépenses dites ordinaires.

D'autre part, sur les fr. 2,838,000 qui forment la moyenne des dépenses ordinaires de 1845 à 1850, il a été attribué en moyenne :

Fr. 548,000 seulem. aux can. de Bretagne, soit p. 512 k. : 4 f. 07 c. p. m.

Fr. 2,290,000 » aux sept autres can., » 1,458 » : 1 f. 67 c. »

Et si nous faisions choix d'années exceptionnelles, nous pourrions citer le canal de Bourgogne qui a coûté, en 1845,

Fr. 502,081, soit pour 242 k. 2 fr. 05 c. p. m.

Tandis qu'il ne lui a été

accordé en 1848 que... 352,814 » » 1 » 45 »

Le canal de Nantes à Brest

en 1849............ 278,516 » 367 » 0 » 75 »

Le canal de Blavet en 1849. 48,418 » 60 » 0 » 80 »

Puisque les chiffres officiels présentent des anomalies ou, pour mieux dire, des lacunes semblables, et qu'ils ne comprennent d'ailleurs ni les frais de perception, ni les dépenses dites extraordinaires, n'est-il pas évident qu'ils n'ont d'autre signification que celle de constater un fait dont on ne peut déduire aucune appréciation sérieuse en ce qui concerne la dépense normale ?

L'expérience, si on la consulte, viendra encore éclairer ce côté fort important de la question. Elle parle assez haut, et en ouvrant les comptes fournis par des administrations particulières forcées de viser à l'économie en même temps qu'à un bon entretien, on trouvera que

Le canal du Midi a coûté pour une moyenne de 10 ans 2 f. 25 c. p. m.,

Les canaux d'Orléans et du Loing id. 2 » 54 »

Le canal de Briare, environ...................... 3 » » »

Le canal de Roanne à Digoin, si on laisse de côté les dépenses résultant de l'inondation de 1846, ne coûte que 1 fr. 75 c. par mètre ; mais il faut remarquer qu'il n'est pas encore entré dans la période du renouvellement des portes d'écluses.

Les frais d'entretien et d'administration s'élèvent annuellement pour

Le canal Erié................ à 1 fr. 88 c. par mètre courant ;

Le canal de Bruxelles à Charleroi . . » 1 » 92 id.

Le canal de Mons à Condé . . . . . » 2 » 22 id.

En 1840, M. le comte Jaubert, dans son grand travail sur les canaux de l'État, avait évalué la dépense annuelle à 1 fr. 89 c., et la grande

Commission de 1848, dans le rapport de M. le comte Daru, l'a évaluée à 1 fr. 88 c.

Il y a loin de ces chiffres à celui de 1 fr. 40 c. qui ressort de l'Exposé des motifs du 16 novembre 1850, et à celui de 1 fr. 50 c. patronné par le Comité des houillères.

Pour notre part, après avoir constaté en fait que les dépenses effectuées à la charge du Trésor public se sont élevées à

Fr. 2,838,000, dites à l'ordinaire ;

 168,000, frais de perception ;

 3,006,000

 646,000, dites à l'extraordinaire ;

 3,652,000 en moyenne de 1845 à 1850, nous nous croyons en droit de conclure que les 1,970 kilomètres de canaux de l'État dont nous nous occupons et qui se composent de lignes à points de partage avec de grandes rigoles d'alimentation, bien plus que de canaux de dérivation, ne coûteront pas moins, année commune, de fr. 3,600,000 à 4,000,000, soit 1 fr. 80 c. à 2 fr. par mètre courant, alors que, tous les travaux de premier établissement étant parfaitement achevés, il sera tenu un compte spécial des frais généraux d'administration, de perception et de contribution foncière, et qu'il sera pourvu avec économie, mais avec intelligence, à leur entretien, de manière à assurer un bon service de navigation régulière.

Produits nets.

Les mêmes contradictions que présente l'appréciation des dépenses se reproduisent dans l'évaluation des revenus nets.

Les revenus bruts s'étant élevés en totalité, de 1845 à 1850, à.................................... fr. 25,536,000

Et les dépenses effectives ordinaires et extraord. à fr. 21,912,000

Il semblait tout naturel d'établir le revenu net pour six ans à........................... fr. 3,624,000

---

soit fr. 604,000 par année.

C'est ainsi qu'a procédé la Commission législative: dans son rapport du 4 juillet 1851, elle ne porte le revenu net qu'à fr. 3,375,000, soit fr. 573,000 en moyenne; mais cette différence, insignifiante d'ailleurs, provient d'une erreur de chiffres qu'elle a commise sur le produit du canal Latéral en 1845.

Mais ce résultat sommaire, [mathématiquement exact, rencontre dans l'Exposé des motifs du 16 novembre 1850 un contradicteur qui mérite toute l'attention, car au produit net moyen de fr. 604,000, il substitue le produit exceptionnel de 1847, qu'il élève facticement au chiffre exorbitant de 2,408,729 fr., pour en faire la base d'une appréciation moyenne et normale du revenu net!

Voici comment procède l'Exposé des motifs pour arriver à ce résultat, qui, à coup sûr, a dû surprendre son auteur lui-même.

Il abandonne d'abord le système des moyennes, et choisit, comme nous l'avons dit, l'année exceptionnelle de 1847 pour établir son argumentation sur un produit brut de fr. 5,195,465, au lieu de fr. 4,256,000, produit moyen de six ans.

Puis, *quant aux dépenses de ladite année 1847, s'élevant réellement à fr. 4,087,964*, il leur fait subir le remaniement suivant:

1° Il oublie les frais de perception.. fr. 163,603

2° Il retranche les dépenses qu'il qualifie d'extraordinaires............ 953,812   fr. 1,301,228

3° Il réduit enfin pour économie *à réaliser* dans le personnel.......... 183,813

D'où il résulte que le chiffre normal des dépenses de 1847 n'est plus, selon lui, que de................ fr. 2,786,736

et que le revenu net s'élève à fr. 2,408,729.

En vérité, si l'Exposé des motifs se fût borné à retrancher du revenu brut de 1847 le montant réel des dépenses effectuées dans la même année, de manière à établir un revenu net de fr. 1,107,501 pour 1847, nous dirions simplement que ce chiffre manque de l'autorité qu'on ne peut refuser aux résultats des six dernières années; mais aux omissions, aux déductions arbitraires et aux économies hypothétiques, au moyen desquelles on prétendrait établir que les dépenses annuelles ne dépassent pas fr. 2,786,736, soit 1 fr. 40 c. par mètre, nous opposons les considérations que nous avons développées.

Le Comité des houillères vient à la suite, et, s'emparant des conclusions dans l'Exposé des motifs, il se borne à relever l'omission des frais de perception et à rétablir les frais à fr. 2,950,339 et le produit net à fr. 2,245,126; puis, non content de la manœuvre opérée sur les chiffres de 1847, d'un trait de plume il attribue aux canaux, *d'ici à peu d'années*, un produit de 5 1/2 à 6 millions avec une dépense de fr. 3,400,000.

Sur le papier les chiffres ne coûtent rien; mais si le Comité des houillères pratique pour son propre compte ce mode d'apprécier les chances de l'avenir, alors qu'il s'agit de justifier quelque accroissement dans le capital nominal auquel il lui convient de porter la valeur de quelque exploitation de houillères, nous doutons qu'il emploie le même procédé quand il s'agit de solliciter le maintien des droits protecteurs qui les enrichissent aux dépens du consommateur.

Au reste, nous n'aimons pas la polémique, et ne cherchons qu'à établir la vérité des faits et à résister à des illusions qui compromettraient l'avenir de la navigation artificielle; vous en serez un juge impartial et éclairé, Monsieur le Ministre, et de même que nous croyons avoir démontré qu'il est sorti de la poche des contribuables, au chapitre Construction des 10 canaux compris dans le projet de ferme, une somme de 448 millions et non de 269 millions, indépendamment (1) des sommes qui seront nécessaires au rachat des actions de jouissance et à l'achèvement des travaux complémentaires, de même aussi pensons-nous avoir suffisamment établi que les produits en revenus ont été nuls ou à peu près

---

(1) La valeur des actions de jouissance a été fixée par le tribunal arbitral d'expropriation,
à fr. 7,480,000 pour le Rhône au Rhin;
6,000,000 pour le Bourgogne;
9,800,000 pour les Quatre Canaux.

fr. 23,280,000 payables en trente annuités à 4 0/0, soit à f. 5. $\frac{78,301}{100,000}$ p. fr. 100, fr. 1,346,284. 73 par an; pour trente ans, fr. 40,388,542 à sortir du Trésor.

A quoi il faut ajouter fr. 40,000,000 pour travaux complémentaires d'achèvement et de perfectionnement, ainsi que nous le démontrerons ci-après.

En sorte que l'œuvre de la canalisation en France, opérée et complétée par l'État, aura coûté fr. 520 à 530 millions au pays !

nuls, puisque le chiffre de fr. 604,000, constaté comme produit net moyen effectivement encaissé, suffit à peine à représenter les dépenses de l'administration centrale et la contribution foncière, et qu'il aurait été tout à fait insuffisant pour pourvoir à l'entretien des canaux dans toutes leurs parties, s'ils eussent été terminés et âgés de plus de vingt-cinq ans.

Travaux complémentaires.

Nous n'ignorons pas les dénégations avec lesquelles on accueille en certains parages les rapports qui signalent l'imperfection des voies navigables : C'est de la fantasmagorie ! disent les uns; c'est de la tactique ! disent les autres. Et cependant, Monsieur le Ministre, les faits subsistent, et, quoiqu'il puisse en coûter de convenir que 448 millions et trente années n'ont pas suffi pour achever l'œuvre entamée en 1821 et 1822, les rapports officiels du Conseil général des ponts et chaussées signalent une série de travaux urgents et indispensables qui nécessitent une dépense évaluée (1)

En 1848, à fr. 23,427,015

Et en 1851, à fr. 27,419,300

Or, les lacunes et les imperfections dont l'existence ne saurait être niée, quoique l'importance puisse en être contestée, occasionnent dans

---

(1) Voici l'état des travaux urgents, appréciés officiellement par les Ponts et Chaussées :

		1848.		1851.
Rhône au Rhin	fr.	5,000,000	fr.	3,770,100
Bourgogne		6,323,957		5,500,000
Latéral à la Loire		3,079,372		2,850,000
Berry		1,000,000		1,329,200
Nivernais		3,700,000		4,600,000
Bretagne		5,962,186		6,200,000
Centre		2,000,000		2,750,000
Arles à Bouc		2,364,500		420,000
	fr.	29,427,015	fr.	27,419,300

(Latéral à la Loire, Berry, Nivernais et Bretagne sont regroupés sous l'accolade « 4 Canaux. »)

L'état des travaux, tel qu'il a été remanié en 1851, a ceci de remarquable qu'il signale des lacunes dans celui de 1848, pour une somme de fr. 2,217,014, ce qui aurait dû élever à fr. 31,644,029 le crédit total nécessaire, tandis qu'il relègue à l'arrière-plan des travaux évalués en 1848, à fr. 4,224,729, de manière à réduire à fr. 27,419,300 les devis officiels.

3

la navigation des retards et des difficultés qui se traduisent en faux frais et qui placent les canaux dans une position d'infériorité relative ne leur permettant pas de présenter la régularité et l'économie qui pourraient compenser le défaut de rapidité.

Chose étrange ! alors que les chemins de fer vont au devant de toutes les améliorations et de tous les perfectionnements, on conteste aux canaux, non-seulement l'unité dans l'administration et la mobilité dans la tarification, mais encore la perfection dans le matériel, c'est-à-dire les trois conditions essentielles de leur existence !

Bien loin d'exagérer, les Ponts et Chaussées, dans leurs devis de fr. 29 à 27 millions, ont laissé échapper une foule de travaux dont l'expérience démontre l'urgence et qu'un nouvel examen vous signalera sans nul doute.

Nous nous bornerons à indiquer :

1° Les canaux de Bretagne, qui ne figurent dans les états officiels que pour fr. 6,200,000, tandis que nous avons sous les yeux des devis détaillés, approuvés, croyons-nous, par les conseils généraux du Finistère et du Morbihan, et qui portent la dépense de 12 à 15 millions;

2° Le canal Latéral, qui réclame impérieusement la suppression de deux passages en rivière, à Roanne et à Châtillon, et l'amélioration des moyens d'alimentation;

3° Le canal de Bourgogne, auquel les Ponts et Chaussées refusent des travaux d'alimentation reconnus utiles et profitables par les hommes les plus compétents de la localité.

Nous pourrions en citer bien d'autres ; mais nous croyons en avoir assez dit pour affirmer avec la grande Commission de 1848 et avec le Rapport du 4 juillet 1851, que l'ensemble de tous les travaux, tant indispensables qu'utiles, nécessite des allocations qui ne sauraient être moindres de fr. 40,000,000.

Aux termes des lois de 1821 et 1822, l'État était tenu de mettre les canaux en parfait état de navigation. A côté de l'obligation légale, l'intérêt bien entendu du pays lui en fait une obligation morale, et s'il en était besoin pour constater l'évidence, une enquête contradictoire signalera une foule de faits qu'il est facile de faire disparaître, mais dont l'existence est une cause permanente et active de dépréciation.

Qu'on cesse donc de parler de tactique et d'exagération et d'amoindrir les exigences de la position. Si, comme le démontre l'expérience, 30 à 40 millions sont nécessaires pour mettre les canaux sur un bon pied et en position de rendre tous les services dont ils sont susceptibles, l'État est tenu de les fournir, soit par des allocations sur le Trésor, soit en en imposant la charge à un fermier ou à des fermiers.

Que fera-t-on des Canaux ?

Nous voici arrivés au nœud de la question, ou plutôt à la question même. En fait, et d'autres que nous, diront pourquoi les actions de jouissance étaient un obstacle et la cause d'une fin de non-recevoir incessamment opposée à toutes les demandes d'amélioration. Il fallait les faire disparaître ! Quatorze ans ont été nécessaires pour y parvenir, et sept ans se sont écoulés en vains efforts, depuis qu'en 1845, le Gouvernement s'était procuré les moyens de rentrer en possession des droits malencontreusement aliénés en 1821 et 1822. Ce qu'il importe maintenant à l'industrie, c'est de savoir ce que vont devenir et à quel régime vont être soumis les canaux, libérés désormais de tous ces tiraillements enfantés par les malheureux contrats de 1822.

Nos antécédents sur cette question ne nous embarrassent guère. Quoique partisans avoués et promoteurs infatigables de la simultanéité des opérations du rachat et de l'affermage, nos amis et nous n'avons jamais sollicité autre chose qu'une solution prompte , complète et efficace; jamais nous n'avons méconnu la possibilité de réaliser l'opération en deux actes séparés. Racheter d'abord, et réformer ensuite, c'est tout aussi bien que faire racheter par un fermier, pourvu toutefois que les deux actes du rachat et de la réforme soient immédiatement successifs, s'ils ne sont pas simultanés. L'affermage, dégagé de l'opération coûteuse et compliquée du rachat, nous paraît même en soi plus logique et plus facile à réaliser. Pourquoi ne l'avouerions-nous pas avec franchise ? nous avions cru, et bien d'autres avec nous, que le rachat par l'État était incompatible avec la position du Trésor, chargé qu'il était déjà d'une annuité qui varie de fr. 7,537,300 à fr. 6,737,300, jusqu'en 1868, et que dès-lors, le soulager de toute redevance ultérieure, était une mesure de bien public ; mais ce n'était là qu'une considération accessoire pour nous, étrangère d'ailleurs à notre mandat, tandis que notre mobile unique, mais puissant, pour insister en faveur de la simultanéité, était la crainte, puisée, hélas ! dans les antécédents, qu'après le rachat pur et simple, opéré par l'État, l'exploitation des canaux ne demeurât dans le *statu quo* avec quelque insignifiant remaniement dans les tarifs.

Cette crainte est sans doute dénuée de fondement aujourd'hui que le Gouvernement fait profession de vouloir résoudre, et résout en effet, les questions d'utilité publique demeurées si longtemps en suspens, et c'est avec confiance que nous attendons le complément d'une mesure dont le rachat n'est et ne peut être que le préliminaire.

Exploitation par l'État.

Au fond, et nonobstant les protestations contraires, toute l'argumentation du Comité des houillères est dirigée contre tout système qui tendrait à enlever à l'État l'exploitation des canaux, rachetés qu'ils seront par le Trésor.

Dans ce but, le Comité signale le péage comme l'ennemi commun, et il laisse à la concurrence le soin d'avoir raison du fret. Dès lors sa campagne en faveur d'un régime d'exploitation dirigé par l'État se trouve bien motivée, car, évidemment, du moment qu'il s'agit pour lui de restreindre les tarifs à un taux non rémunérateur, et de faire abstraction de toute amélioration matérielle, l'industrie privée est hors de cause et il faut faire appel à la puissance du budget.

Reste à savoir si, en regard d'une dépense de 448 millions pour frais de premier établissement et d'une somme supplémentaire de 40 millions pour le rachat des actions de jouissance, le Trésor consentira à prendre à sa charge, avec certitude de non rémunération par suite de la réduction des péages, la responsabilité d'administrer et d'entretenir 1,970 kilomètres de canaux en bon état de navigation pour une dépense annuelle de 3 1/2 à 4 millions !

Dans ce système, tel que le formule et le patrone le Comité, il faut même que les tarifs soient considérablement réduits, puisque c'est le taux rabaissé des péages qui seul doit exercer une heureuse influence sur la navigation, et qu'il n'est question ni de la réforme du régime actuel d'administration mixte par le département des finances et par celui des travaux publics, ni de l'exécution des travaux complémentaires indispensables qui exigeraient une somme de 30 à 40 millions.

Or, nous avons établi que la moyenne des péages perçus de 1845 à 1850 n'atteint pas 02 c. par kilomètre et par tonne, décime compris. Si donc, la réforme se borne à les réduire, si même on se contente de les maintenir tels quels et à l'abri de tout relèvement, nous pourrions demander ce que deviendront les 5 1/2 à 6 millions de revenu que le Comité fait briller aux yeux du Trésor? Mais ce n'est pas à nous à nous préoccuper de ce côté de la question, et nous nous bornons à constater que maintenir le *statu quo* quant à l'administration et quant à l'état matériel des voies, les deux points sur lesquels les actions de jouissance n'ont jamais apporté d'entrave, au contraire, ce serait se priver *de deux grands moyens de développer la navigation* pour ne chercher ce développement que dans l'abaissement exagéré des tarifs et au moyen d'une circulation à peu près gratuite à laquelle, en effet, s'opposaient de tout leur pouvoir, et à bon droit selon nous, ces mêmes actions de jouissance.

Le Comité est sans nul doute parfaitement éclairé sur ses intérêts bien entendus, et trop intelligent pour se contenter de l'état actuel des moyens de navigation; ainsi quand il concentre son attention exclusive sur le taux maximum des tarifs légaux pour renvoyer à l'action de la concurrence la réduction des frais de traction et la régularité des transports, il ne dit certainement pas son dernier mot, car il sait fort bien que la concurrence n'exercera une action efficace qu'au moyen de l'achèvement et du perfectionnement des voies navigables; et voilà, Monsieur le Ministre, ce qui n'échappera pas à votre perspicacité.

Évidemment il y a dans les frais de transport autre chose que les péages, il y a le fret; il y a aussi la durée et la régularité des voyages, et sans nous arrêter à une distinction subtile d'appréciation relative entre ces divers éléments constitutifs des frais de transport par eau, en fait aujourd'hui, s'il y a beaucoup à faire au point de vue des tarifs, il y a plus à faire encore au point de vue matériel.

Si on admet par exemple, comme nous le faisons, qu'il est nécessaire d'établir au maximum de 3 cent. par kilomètres et par tonne les frais de transport de la houille en particulier, ce prix ne peut-il pas s'obtenir aussi bien par

$$\left.\begin{array}{l} 1\ 1/2\ \text{péage} \\ 1\ 1/2\ \text{fret} \end{array}\right\} \quad \text{ou} \quad \left.\begin{array}{l} 1\ 1/4\ \text{péage} \\ 1\ 3/4\ \text{fret} \end{array}\right\} \quad \text{que par} \quad \left.\begin{array}{l} 1\ \text{péage} \\ 2\ \text{fret} \end{array}\right.?$$

avec cette immense différence que dans les deux premières hypothèses tout le monde peut vivre et prospérer, et que dans la troisième les canaux ne couvrent qu'à grand'peine les dépenses d'un entretien insuffisant, tandis que l'excès de un demi ou de un quart de centime sur la traction ne profite à personne puisqu'il ne provient que de plus grandes difficutés à vaincre (1).

Et ce n'est pas tout; le prix de 3 centimes, fût-il même généralement adopté comme maximum, peut ressortir plus ou moins onéreux pour le producteur et, par conséquent, pour le consommateur, selon que la navigation est plus ou moins régulière et plus ou moins rapide, et que la durée des chômages est plus ou moins grande.

A ce dernier point de vue, celui des chômages, il suffit de citer le canal du Trent et Mersey, qui n'a fermé la navigation pour cause de réparations que pendant cent jours, dans les onze dernières années, 1840 à 1850, soit neuf jours par année en moyenne, pour démontrer qu'il y a quelque chose à faire si on veut atteindre un régime si différent des allures actuelles ou du moins s'en approcher.

Nous ne parlons pas des chômages pour cause de gelée, car nous comprenons que dans le système d'exploitation par l'État il ne saurait être question de tenter l'emploi en grand des coupe-glaces, mais nous croyons avoir démontré que la question de la réforme est complexe, et qu'elle doit embrasser l'exécution des travaux complémentaires qui

---

(1) S'il faut descendre les frais de transport à 2 centimes 1/2, comment y parvenir si le fret demeure à 2 centimes?

seront reconnus indispensables, aussi bien que le remaniement des tarifs.

Faire bon marché de l'amélioration des voies navigables, ce serait en vérité donner à penser que, désespérant d'obtenir à la fois le principe d'une navigation gratuite et les crédits nécessaires pour terminer les travaux de premier établissement, on cherche à conquérir d'abord des tarifs non rémunérateurs, pour peser ensuite sur le Trésor, et solliciter après coup et sous la pression de résultats peu satisfaisants, les allocations complémentaires indispensables pour terminer l'œuvre aux dépens du budget.

Vous envisagerez la question dans son ensemble, Monsieur le Ministre, telle qu'elle se comporte réellement, et vous ne vous contenterez pas d'un système bâtard et incomplet. Quoi qu'il en soit de votre décision sur la manière de procéder pour réaliser la réforme demandée, tout en conservant notre opinion, qu'en pratique comme en théorie, l'affermage des canaux serait la mesure la plus efficace dans l'intérêt de tous, nous n'avons pas d'hésitation à reconnaître qu'en regard du régime actuel, l'exploitation par l'État peut y apporter de véritables améliorations et constituer un système complet si elle était combinée de manière à satisfaire la triple nécessité :

1° De créer une direction générale ou une commission spéciale qui réunisse les attributions des départements des finances et des travaux publics avec pleins pouvoirs pour les tarifs et pour l'entretien ;

2° De promulguer un nouveau tarif dans les limites que vous suggéreront l'expérience des faits et les exigences du degré de rémunération que vous aurez adopté ;

3° D'allouer officiellement et pour un laps de cinq à huit années les crédits nécessaires pour combler les lacunes et pour exécuter les travaux complémentaires et les améliorations dont les Ponts et Chaussées ont reconnu l'urgence, et ceux qu'un examen plus approfondi et contradictoire vous signalera sans doute comme indispensables.

Affermage des Canaux.

En pratique et en théorie, avons-nous dit, l'affermage des canaux serait la mesure la plus efficace dans l'intérêt du Trésor, de l'industrie et des canaux eux-mêmes.

Serait-il besoin de discuter de nouveau, au point de vue des principes, la question de savoir qui, de l'État ou de l'industrie privée, est mieux placé pour exploiter une entreprise industrielle?

Nous ne le pensons pas. Le Comité des houillères tranche à la vérité la question par l'aphorisme suivant : « C'est une erreur que de prétendre » que le Gouvernement soit inférieur aux Compagnies pour la gestion » des canaux. » Mais il affirme et ne prouve pas, tandis que l'opinion contraire a en sa faveur des autorités, des arguments et des faits que nous nous dipenserons de citer pour ne pas nous répéter et de peur d'affaiblir les considérations présentées par les hommes d'État, les hommes d'affaires et les administrateurs les plus compétents.

Le Gouvernement lui-même n'a-t-il pas franchement et nettement arboré le drapeau sous lequel nous luttons depuis si longtemps? Et pour ne pas parler de chemins de fer, où trouver une analogie plus frappante et plus complète que celle qui existe entre l'exploitation des canaux et celle des paquebots du Levant? En vérité, pour faire triompher la cause de l'affermage, il suffit d'invoquer le rapport et les discours de M. Dufaure et du ministre lui-même. Changez les termes et la cause est gagnée.

Il y a plus, selon nous, et en regard de la concurrence naissante et croissante des chemins de fer, dans le discrédit général qui est le partage actuel de la navigation artificielle, et en l'absence d'une marine perfectionnée, d'habitudes et de relations qui n'existent pas et qu'il faut créer au milieu des circonstances peu favorables, ce n'est pas trop des efforts persévérants et bien dirigés de l'industrie privée et de ses capitaux pour triompher de tant d'obstacles et pour placer, s'il en est temps encore, nos voies navigables au rang qui devrait leur appartenir et en position de rendre tous les services auxquels elles sont si éminemment propres.

Mais s'il nous semble impossible de méconnaître que l'affermage soit la meilleure chance de salut, nous ne prétendons pas qu'il faille affermer pour la seule satisfaction d'affermer, affermer à tout prix et quelles qu'en soient les conditions. Les intérêts de tous doivent être sauvegardés autant que faire se peut; seulement dirons-nous que si, pour trouver des fermiers il ne faut pas tout céder et sacrifier l'intérêt général, pour affermer il faut cependant trouver des fermiers, c'est-à-dire, il faut offrir et consentir des conditions qui leur permettent de vivre.

A ce point de vue, qui est celui du cahier des charges, mais à celui-là seulement, nous comprenons la discussion, et nous aurions applaudi au Comité des houillères s'il eût borné sa polémique à ce point capital, non pas que les objections qu'il formule nous paraissent fondées, mais parce que ses intérêts privés étant en jeu, on est toujours bienvenu à les défendre.

Aussi, au milieu des critiques que nous nous permettons contre le factum des Houillères, nous sympathisons avec leurs doléances, quand ils se plaignent de ne pas avoir été entendus par la Commission, et nous reconnaissons qu'en invoquant dans leurs conclusions une enquête solennelle, publique et contradictoire, tout ce qui nous paraît hasardé ou mal fondé dans leur augmentation porte en soi son correctif.

Nous aussi, nous n'avons cessé de réclamer une discussion approfondie. Il est vrai que depuis juillet 1840, sous le ministère de M. le comte Jaubert, nous avons assisté à quatre enquêtes spéciales; mais si, dans les trois dernières, en février 1848, sous le ministère de M. Dumon, en juillet 1849 sous celui de M. Passy, et en janvier 1851 par-devant la Commission de l'Assemblée législative, le principe de l'affermage à des conditions chaudement débattues a réuni une imposante majorité, il nous paraît hors de doute qu'une nouvelle épreuve amènerait le même résultat.

Qu'on recommence donc, si on le juge utile, la discussion au fond, pourvu qu'on arrive enfin à une solution définitive et pratique, ou plutôt qu'on aborde sérieusement, et avec la volonté d'en finir, la seule question vraiment importante, à savoir : A quelles conditions l'État doit-il céder l'exploitation des canaux et peut-il trouver des fermiers?

Aussi, parmi tout l'échafaudage de raisonnements amoncelés par le Comité des houillères, relèverons-nous tout particulièrement les griefs formulés contre les conditions proposées par la Commission ; ils portent presque exclusivement sur le tarif relatif aux matières premières et spécialement sur le tarif pour la houille à 01 c. 1/2.

Voyons donc ce qu'il peut y avoir de fondé dans ces griefs.

Tarifs.

Le tarif actuellement perçu sur les canaux du Centre est de 01 c. 1/10 par kilo et par tonne pour la houille, et de 01 c. 65/100 pour le coke.

Ce tarif a été consenti temporairement en juillet 1848 pour une année par les actions de jouissance; il subsiste encore à cette heure, à titre provisoire et renouvelé par des ordonnances rendues de six en six mois et même de trois en trois mois.

Le tarif maximum légal est de 05 c. 28/100 pour la houille, et de 06 c. 60/100 pour le coke, décime compris.

Jusqu'en juillet 1848 et avec l'assentiment des actions de jouissance, le tarif effectivement perçu était de 02 c. 20/100 pour la houille, et de 03 c. 30/100 pour le coke.

La Commission législative, dans son projet de ferme, avait fixé à 04 c. 1/2 pour la houille et à 02 c. pour le coke, le tarif légal maximum, laissant au fermier le soin de mesurer et combiner, d'après les circonstances générales, les modifications à introduire dans l'application.

C'est contre la faculté qui serait accordée au fermier de relever, si et quand il le jugerait convenable, de 0 c. 40/100 les tarifs actuels pour la houille et de 0 c. 35/100 ceux pour le coke, que le Comité édicte 100 pages dans lesquelles, passant sous silence le décime actuellement perçu par l'État et faisant confusion entre le tarif proposé pour la ferme et celui qui était perçu avant juillet 1848, il représente la faculté accordée au fermier comme une charge accomplie, « équivalente à la suppres- » sion du tarif protecteur aux frontières du Nord, plus une prime de » 1 fr. par tonne en faveur des houilles étrangères ! »

En vérité, ce sont là des arguments tellement en dehors des faits, que nous ne pouvons nous y arrêter.

Nous nous bornons à consigner ici deux remarques.

En premier lieu, nous relèverons l'étrange confusion que commet le Comité, et bien d'autres avec lui, entre le tarif légal et le tarif appliqué. Le maximum légal est une garantie en faveur des tiers contre des exigences exagérées que pourraient provoquer des circonstances exceptionnelles. Quant au tarif appliqué, il doit être essentiellement mobile et régi par les influences de la concurrence et les phases de l'industrie. Qui a jamais pu songer que le maximum écrit dans une loi de concession serait un minimum infranchissable? Encore faut-il cependant que ce maximum soit combiné de manière à laisser quelque latitude et quelque liberté d'action au fermier, qui pourra bien être plus ou moins tenace, plus ou moins intelligent (1), mais qui finira par subir la loi

---

(1) L'obligation imposée à toutes les industries d'accroître la consommation par les bas prix fera justice de tous les raisonnements basés sur de petites jalousies ou sur des craintes chimériques; mais le bas prix doit résulter du concours de *tous* les producteurs et ne doit pas s'obtenir par le sacrifice de l'un d'entre eux au profit de l'autre.

Si c'est ce qu'entend le Comité quand il parle de l'avidité des Compagnies, nous ferons cause commune avec lui, et peut-être trouvera-t-il à appliquer « *at home* » ces principes vraiment libéraux, se procurant ainsi une autorité irrésistible pour obtenir la réciprocité et, se mettant à l'abri du soupçon, de vouloir puiser ses munitions au Trésor pour faire la guerre à son propre profit

Mais quand il accuse au dehors sans regarder au dedans, il devrait n'articuler que des griefs parfaitement fondés. Or, telle n'est pas cependant sa manière de procéder.

Ainsi il met en scène le chemin d'Orléans, qui n'a que faire en cette question, et il lui impute « de défendre le plein de son tarif comme un article de foi. » Or, en fait, le plein du tarif, c'est-à-dire le maximum légal pour le chemin d'Orléans, est de 20 c. par kilom. et par tonne, le minimum 16 c. et le tarif légal moyen 18 c., et en fait le chemin d'Orléans perçoit au maximum 12 c., au minimum 3 1/2, ayant passé des marchés considérables à tous les prix intermédiaires de 11 c. à 4 c., qui font ressortir une moyenne de 9 c. 1/2 environ.

Et voilà comment le Comité écrit l'histoire!

Quant aux canaux, si les Compagnies de 1821 et 1822 ont résisté à des remaniements intempestifs et mal pondérés, il peut être démontré qu'en fait elles n'ont jamais mis à leur concours d'autres conditions que la réforme de l'administration centrale et l'achèvement des voies navigables; et cependant, malgré le refus de l'État d'entrer dans cette voie de salut, elles avaient consenti la réduction de 60 0/0 sur le plein de leur tarif pour la houille et le coke, et exceptionnellement, en 1848, celle de 80 0/0.

Nous n'aimons pas à citer la Compagnie du canal de Roanne. Elle n'a certes pas écouté sa conviction, que les réductions de péage ne pouvaient produire d'effet vraiment utile aussi longtemps que le canal Latéral demeurerait dans son état actuel et en dehors du syndicat des

plus qu'il ne l'imposera, puisque son unique revenu étant dans les tran-
ports, force lui sera toujours de les encourager et de les favoriser pour
les développer.

En deuxième lieu, nous signalerons que depuis l'abaissement du tarif
de 2 c. 20 à 1 c. 10 pour la houille et de 3 c. 30 à 1 c. 65 pour le coke
sur le canal Latéral, le tonnage n'a pas suivi la marche ascendante qu'on
pouvait attendre d'une mesure aussi radicale (1); ce qui prouve une
fois de plus notre assertion, déjà formulée, que le remaniement des
tarifs sans l'amélioration simultanée des voies navigables, ne produit
pas d'effet utile.

Au fait, nous plaidons ici une singulière cause ; car, veuillez le remarquer, Monsieur le Ministre, notre intérêt et notre position sont
exactement les mêmes que ceux des grands établissements de houillères et d'usines.

Seulement nous comprenons autrement qu'eux notre intérêt ; nous
le voyons sans doute dans un remaniement intelligent des tarifs de 1821
et 1822, qui ne sont au reste qu'une lettre morte, ce qui sera toujours le
cas des maxima hors de proportion avec les nécessités existantes ; comme
eux nous demandons sur les canaux de l'État l'application de tarifs qui
permettent, ou plutôt qui favorisent le développement de la circulation;
mais plus qu'eux nous attachons de l'importance au système de l'administration et au perfectionnement des voies ; plus qu'eux nous désirons
que, dans l'intérêt général, l'exploitation des canaux devienne prospère,
et moins qu'eux nous nous effrayons des tarifs maxima écrits dans les
lois de concession.

---

voies d'eau du Centre. Mais voyons ce qu'ont fait les canaux de Briare et du Loing que le
Comité, singulier grief dans sa bouche ! accuse de ténacité incroyable. Ces administrations
ont cependant, elles aussi, suivi le mouvement; malgré leur position vraiment exceptionnelle
entre la Loire et la Seine et maintenue telle par l'état dans lequel on laisse languir le canal
du Nivernais, elles ont réduit à 8 et 6 c. leur maximum légal de 16 et 14 c. et elles avaient
spontanément signé un compromis pour réduire ce maximum légal à 5 c., dans le cas où le
projet d'affermage du 4 juillet dernier viendrait à se réaliser.

(1) Le tonnage a été de 28,000 tonnes par kilomètre en moyenne, de 1845 à 1847
et seulement de 21,000 » » en moyenne, de 1848 à 1850, depuis
la réduction du tarif !

En vérité, il faudrait ne pas se rendre raison de la vérité des choses pour repousser systématiquement le maximum écrit de 01 c. 1/2 pour la houille et de 2 c. pour le coke, si ce maximum facultatif était la condition *sine quâ non* exigée par un fermier responsable. Les houillères avec leurs grandes masses à transporter, principal aliment de la navigation, ne sont-elles pas assurées de faire capituler le fermier ?

Persister dans cette opposition jusqu'à renoncer pour ce fait, et sans autre motif sérieux, à l'affermage, qu'on approuverait en théorie, ce serait sacrifier le fond à une pure forme ; car ce maximum de 01 c. 1/2 suffit parfaitement pour prévenir toute chance d'abus, en même temps qu'il est assez élastique pour comporter des tempéraments, en sorte qu'il nous paraît de nature à résoudre heureusement ce point qui forme évidemment le nœud gordien de la question.

Pour nous expliquer nettement, nous n'hésitons pas à dire qu'à notre sens un fermier intelligent doit se contenter, et se contenter forcément, jusqu'au parfait achèvement des travaux de perfectionnements, de 01 c. pour la houille et 1 c. 1/2 pour le coke (nous parlons des canaux du Centre, pour lesquels ce serait une réduction de 10 0/0 sur les prix actuels), et cela par la raison toute naturelle que dans l'état actuel des voies, le fret ne peut s'établir au-dessous de 02 c. (1); mais on ne peut et on ne doit pas lui refuser en revanche la faculté de relever, s'il y a lieu, ses tarifs de 1/4 à 1/2 c. alors que, par son savoir faire et par l'avance de ses capitaux, le fret pourait être ramené à 01 c. 1/2 ou au-dessous.

---

(1) Il s'est passé des traités pour la campagne 1851-1852 à raison de 12 fr. 50 par tonne de Roanne à Paris pour la houille, la marchandise prise à terre et rendue à bord de quai. Ce prix de 12 fr. 50 se décompose comme suit :

4 fr. 70	pour	péages sur	361 kilomètres	01,30	
6 40	»	traction	» »	01,78	} 03,08
1 40	»	Seine	88 »	01,60	
12 fr. 50			459	02,72	

Mais ce prix exceptionnel de 01,78 pour traction conclu pour des livraisons régulières et successives laisse à la charge de l'expéditeur bien des frais accessoires.

Monopole.

Mais il est un autre point, et nous n'en voyons pas d'autre, sur lequel le Comité des houillères élève une objection qui mérite aussi l'attention, quoiqu'elle soit amplifiée au-delà de sa véritable portée.

Le Comité s'élève contre l'importance de la concession proposée par la Commission, et conteste la convenance de concentrer dans les mêmes mains l'administration de 1,970 kilomètres de canaux.

Formulée en ces termes, l'objection n'est que spécieuse, et le mot de monopole ne semble arriver sous la plume du Comité qu'à défaut d'un meilleur moyen de la justifier.

Ce n'est pas, en effet, le chiffre de 1,970 kilomètres qui constitue par lui-même un danger ou un inconvénient ; des considérations secondaires et accessoires peuvent motiver la réunion des 910 kilomètres des canaux de Bretagne, du Rhône au Rhin et d'Arles à Bouc avec les 1,060 kilomètres de canaux du Centre, sans que l'intérêt général et celui des tiers puisse être en quoi que ce soit lésé par l'exploitation commune des 910 kilomètres de canaux excentriques avec les 1,060 kilomètres du groupe central, et le Comité serait bien embarrassé pour justifier ses alarmes.

Et quant aux 1,060 kilomètres des canaux du Centre, ce n'est pas non plus sans doute la réunion en une même main des 818 kilomètres du Bourbonnais qui excite les appréhensions du Comité ; car, à moins de vouloir empirer l'état actuel et créer des difficultés au lieu de les aplanir, on ne saurait songer à former autant d'administrations qu'il existe de tronçons de canal.

C'est donc la réunion des 818 kilomètres des canaux du Bourbonnais avec les 242 kilomètres du canal de Bourgogne que redoute le Comité. Restreinte à ces termes, les seuls vrais, croyons-nous, l'objection ne manque pas de gravité, quoiqu'elle n'en emprunte aucune aux chiffres dont on a voulu l'amplifier, et qu'elle se réduise à une simple question de fait.

Il s'agit, en effet, de savoir si, d'une part, on peut, dans l'état actuel des choses, trouver des fermiers présentant les garanties convenables, qui soient disposés à se charger de la ligne du Bourbonnais en concurrence avec celle de Bourgogne, et *vice versâ*, et si, d'autre part, les inconvénients de la concentration, tranchons le mot, du monopole, neutralisés qu'ils seraient par un cahier de charges, ne sont pas en grande partie chimériques ou inhérents à la nature des choses.

A la vérité, si on se contente de fermiers à court terme, exploitant tant bien que mal la chose telle qu'elle leur sera remise, sans l'améliorer, sans avances de capitaux, et partant sans risques à courir autres que leur temps et leurs peines, ce pourra bien être l'affermage, mais l'affermage de nom seulement et par à peu près.

Mais si on veut l'effet utile plus que le nom, il faut rendre la position abordable, sinon séduisante. L'affermage exige, selon nous, des fermiers à long terme, responsables, s'identifiant à leur œuvre pour l'améliorer et la développer, y engageant des capitaux, et tenus, par conséquent, à la vivifier au profit de tous. Or, qui veut la fin veut les moyens, et, jusqu'à preuve contraire, la possibilité d'une lutte entre *les deux voies d'eau* nous paraît de nature à écarter la classe d'hommes que nous estimons précisément la plus désirable.

Au fond, d'ailleurs, cette possibilité de lutte, qu'on s'efforce de ménager en lançant l'anathème contre le système contraire, présenterait-elle donc par elle-même des garanties et des résultats tels qu'il valût la peine d'en faire une condition *sine quâ non* de l'affermage ?

En aucune manière, et l'examen du côté pratique de cette exigence va démontrer qu'elle est sans importance réelle.

Que peut-on redouter, en effet, d'une part, de la réunion des concessions, si ce n'est que l'abaissement des péages ne soit pas simultané sur les deux voies ?

Et que peut-on espérer, d'autre part, de la séparation, si ce n'est que l'abaissement des péages sur une des lignes entraîne un abaissement analogue sur l'autre ligne ?

En d'autres termes, on redoute les tarifs différentiels maniés par une seule main au profit d'une des localités et au détriment de l'autre. C'est bien là l'objection dans toute sa portée.

Eh bien, le remède proposé est parfaitement illusoire.

Rien ne prouve, en premier lieu, que des tarifs différentiels ne soient pas commandés ou justifiés par les circonstances locales, en sorte que vouloir les prohiber, si on le pouvait, ce serait une fausse mesure, et que tenter de les prohiber, s'ils résultent de la nature des choses, ce serait une prétention vaine ; car, pour les grands parcours, c'est-à-dire pour le transit, il y aura accord forcé entre les deux fermiers ; il n'y aura pas, il ne peut pas y avoir lutte sérieuse et effective, et le pays, qui a intérêt à voir prospérer les grandes entreprises, serait le premier à en souffrir. Quant aux petits parcours de la localité, l'influence d'une ferme sur l'autre sera tout à fait nulle.

En second lieu, si, voulant la ferme, on écarte les fermiers par des prétentions exagérées, l'État, conservant l'exploitation, ne pourra-t-il pas, tout autant qu'un fermier unique, être influencé par une localité et ne pas l'être par une autre ? Et s'il était besoin de justifier notre dire, nous ne serions pas embarrassés pour prouver par des exemples puisés dans l'exploitation temporaire du chemin de Paris à Lyon, que l'État sait manier avec beaucoup de dextérité les tarifs différentiels et qu'il ne s'en est pas fait faute, et à bon droit, suivant nous.

Prévenir, réprimer tous les excès et les abus, c'est un devoir strict pour l'État, et ce doit être la condition *sine quâ non* de la concession. Or, la meilleure des garanties se trouve en réalité dans l'intérêt bien entendu du fermier, qui lui commande de ménager les intérêts des tiers, ce qui n'exclut pas celles plus absolues et très-réelles qu'on peut obtenir par la fixation du maximum légal et par la rédaction du cahier des charges. Mais recourir à des clauses d'interdiction en dehors de la nature des choses, c'est compromettre le succès en imposant des conditions illusoires pour qui veut les éluder, et impossibles pour qui voudrait les respecter ; c'est empêcher la réalisation d'une bonne mesure par une défiance à la fois mal fondée et impuissante.

Après tout, nous l'avons dit, la ferme unique ne nous paraît qu'une question de fait, et dans les limites du possible et de la raison, la concurrence a toutes nos sympathies. Qu'on essaie donc les fermes séparées et qu'on les préfère s'il se présente des fermiers prêts à accepter une rivalité sérieuse ; mais qu'on ne sacrifie pas la réalité à l'ombre, et, comme l'exigeait la Commission législative avec autant de prévoyance que de sagacité, que les conditions exigées pour réaliser deux baux distincts ne soient pas plus onéreuses que celles qui seraient consenties par un seul fermier !

Résumé.

Monsieur le Ministre,

Nous avons cherché, en premier lieu, à établir d'une manière claire et nette, et nous croyons parfaitement exacte, en ce qui concerne les dix canaux du Rhône au Rhin, de Bourgogne, du Centre, Latéral à la Loire, du Nivernais, du Berry, de Nantes à Brest, d'Ille à Rance, du Blavet et d'Arles à Bouc, ayant une longueur totale de 1970 kilomètres,

1° Que les débours effectifs du Trésor s'élèvent, pour leur construction, à fr. 450,000,000 ;

2° Que leur produit en utilité ne dépasse pas pour les six dernières années 1845-1850, 104,500 tonnes par kilomètre et par année ;

3° Que leur produit en revenus bruts pour la même période est, en moyenne, de fr. 4,256,000 ;

4° Que les dépenses annuelles portées dans les états officiels s'élèvent à

fr.   2,838,000 dites ordinaires
»   168,000 de perception
____
fr.   3,006,000 à l'ordinaire
»   646,000 à l'extraordinaire   fr. 3,652,000 par année ;

5° Que lesdits états faisant ressortir la dépense ordinaire annuelle à fr. 2,838,000, soit à raison de 1 fr. 44 c. par mètre courant, n'indiquent pas la totalité des dépenses normales qui doivent résulter en moyenne, par année, pour le Trésor, de l'existence et de l'entretien des canaux ;

5

6° Que les dépenses normales d'administration, de perception et d'entretien ne sauraient être inférieures à fr. 3,600,000, à fr. 4,000,000, soit 1 fr. 80 c. à 2 fr., par mètre courant, par année commune;

7° Que dès lors le produit net réalisé jusqu'à ce jour est nul ou à peu près nul;

8° Que les charges annuelles du Trésor vont s'augmenter d'une annuité trentenaire de 1,346,284 fr. 73 c., soit pour 30 ans, fr. 40,388,500;

9° Que les exigences d'un bon service de navigation réclament impérieusement des travaux complémentaires qui s'élèvent à

fr. 27,000,000 d'après les évaluations officielles, et à

» 40,000,000 d'après les évaluations législatives.

En second lieu, et après avoir constaté que le décret du 21 janvier dernier, portant rachat par expropriation des actions de jouissance, proclame par là même l'urgente nécessité d'une réforme dans le régime actuel d'exploitation des canaux de l'État, nous avons essayé de réduire à leur véritable valeur les objections de fait présentées contre l'affermage, et en appelant de nos vœux une combinaison qui soit de nature à présenter de sages garanties en faveur des tiers, nous avons cherché à démontrer, d'une part qu'il était nécessaire, d'autre part qu'il n'y avait pas danger à laisser au fermier, dans des limites raisonnables, des chances de rémunération, en même temps que l'État serait libéré de toute dépense ultérieure et pourrait se réserver une éventualité de partage dans les produits nets.

Un avantage considérable pour le pays, et que nous ne pouvons passer sous silence, devait être gratuitement réalisé par la combinaison de la Commission législative.

Nous voulons parler de l'abandon sans rémunération, mais sous condition de l'affermage des canaux du Centre, offert par les compagnies des canaux du Loing, de Briare et de Roanne des tarifs *maxima* qui leur appartiennent à perpétuité et de leur acceptation d'un nouveau maximum de 05 c. à 1 c. 1/2 par kilo et par tonne par les canaux du Loing et de Briare, et de 04 c. à 01 c. par le canal de Roanne.

C'était dans leur intérêt bien entendu, dira-t-on? C'est possible ; toujours est-il vrai que c'était un bénéfice positif pour le pays, sans que le Trésor eût à débourser un centime pour racheter une concession de tarif, et que c'est une réponse catégorique à toutes ces accusations d'avidité et de ténacité formulée contre les Compagnies. C'était aussi un argument en faveur de l'affermage des canaux de l'État, condition *sine quâ non* de cet abaissement spontané et permanent des tarifs.

Cette disposition subsiste encore à cette heure. Que l'État veuille. marcher dans la voie d'une réforme vraiment efficace de la navigation artificielle, et il sera suivi. Il ne nous appartient pas de faire parler les Campagnies du Loing et de Briare, mais nous croyons pouvoir dire en leur nom, et en tous cas, nous affirmons pour le canal de Roanne qu'il y aura bonne disposition à entrer dans un concordat qui aurait pour but, et qui pourrait avoir pour effet de faire disparaître toutes les entraves qui s'opposent au développement des communications entre le bassin de la Loire et celui de la Seine.

Il s'agit de donner à la grande voie d'eau tendant de Roanne à Paris les éléments de vie qui ont fait défaut jusqu'ici, et qui ne peuvent que se trouver dans l'unité de vues pour l'administration et pour la tarification, et dans les ressources de l'industrie et des capitaux particuliers appliqués à améliorer les voies d'eau et la batellerie.

Ce doit être, Monsieur le Ministre, une œuvre séduisante que d'avoir à attacher son nom à la bonne solution d'une question qui a été soulevée pour la première fois en 1838, sous le ministère de MM. Passy et Dufaure, et qui, dix fois déjà, sur le point de se résoudre, demeure en suspens depuis quatorze années, quoiqu'elle forme cependant un des éléments du problème de la vie à bon marché.

Les chemins de fer, ces cadets privilégiés des voies de communication, ont ressenti les premiers l'heureuse influence de votre sollicitude; mais leurs aînés les canaux peuvent sous une intelligente et énergique impulsion, remplir dans la distribution des produits du sol et de l'industrie, un rôle dont l'utilité ne vous a pas échappé; la mesure préparatoire du rachat des actions de jouissance nous en est un sûr garant.

Pour achever l'œuvre ainsi commencée et faire cesser le provisoire si funeste qui, depuis 1826, règne sur l'exploitation et sur les tarifs des canaux, serait-il besoin d'attendre la consommation, dans sa partie exclusivement financière, du décret du 21 janvier 1852?

Ce décret, formulé par le pouvoir souverain et constituant, ne fait-il pas disparaître irrévocablement, pour les tiers, tout droit d'intervenir dans l'administration des canaux, ne laissant aux porteurs d'actions dépossédés qu'un recours pour l'indemnité qui leur est due?

Dès lors, les mesures administratives qui ne concernent que l'exploitation et la tarification ne pourraient-elles pas être préparées et adoptées en dehors des formalités qu'entraînent la fixation du chiffre de l'indemnité et son règlement, et ne serait-il pas possible de réaliser dès à présent et sans un nouvel ajournement, le régime auquel vous estimerez que les canaux doivent être désormais soumis?

Ne serait-il pas temps de faire connaître aux diverses industries intéressées la nouvelle position qui doit leur être faite par votre décision, afin qu'elles puissent se préparer à diriger leurs efforts et leurs capitaux vers le but que vous vous proposez, sans nul doute, celui du plus grand développement possible de la circulation?

Dans l'espoir que vous accueillerez avec bienveillance l'instante prière que nous vous présentons, de vouloir bien mettre un terme aux incertitudes qui pèsent depuis si longtemps sur l'avenir de la navigation artificielle, et qui paralysent tous les efforts individuels, nous avons l'honneur de vous présenter, Monsieur le Ministre, l'expression de nos sentiments de la considération la plus distinguée.

Pour la Compagnie du Canal de Roanne à Digoin,

Le Président du Conseil d'administration,

Auguste BARDE.

Roanne, 10 août 1852.

IMPRIMERIE CENTRALE DE NAPOLÉON CHAIX ET Cⁱᵉ, RUE BERGÈRE, 20.

DÉPENSES EFFECTUÉES PAR LES PONTS ET CHAUSSÉES

POUR

LA CONSTRUCTION DES CANAUX.

	RAPPORT DE M. LE COMTE DARU. 1848.	RAPPORT DE M. BERRYER. 1851.
RHÔNE AU RHIN............	Fr. 28,249,562	Fr. 31,650,000
QUATRE CANAUX...........	156,290,12	161,029,000
BOURGOGNE...............	55,533,609	55,706,000
ARLES A BOUC	11,485,740	11,487,000
CENTRE (*)...............	»	9,870,000
	Fr. 251,559,032	Fr. 269,742,000

(*) Il y a évidemment une omission dans l'indication du canal du Centre, mais nous passons outre pour éviter toute accusation d'appréciation arbitraire.

2me ANNEXE.

DÉPENSES EFFECTUÉES PAR LE TRÉSOR

Pour le service des annuités des Emprunts de 1821 et de 1822,

POUR LES CANAUX.

Retenues sur les versements de l'Emprunt de Fr. 108,500,000 sur le montant duquel le Trésor n'a touché que Fr. 82,608,530

1821 à 1827.	Rhône au Rhin... Fr.	2,004,270		
1822 à 1832.	Quatre Canaux...	16,624,800	Fr.	25,891,470
1822 à 1832.	Bourgogne.......	6,417,600		
1822 à 1828.	Arles à Bouc.....	844,800		

Annuités payées et à payer par le Trésor.

1828.	Rhône au Rhin.			800,000
1829.	Rhône au Rhin... Fr.	800,000		1,164,100
	Arles à Bouc.....	364,100		
1830.	Rhône au Rhin... Fr.	800,000		1,706,500
	Quatre Canaux...	542,400		
	Arles à Bouc.....	364,100		
1831 à 1832.	Rhône au Rhin... Fr.	800,000	Fr. 3,324,100 pendant 2 ans.	6,648,200
	Quatre Canaux...	2,160,000		
	Arles à Bouc.....	364,100		
1833 à 1857.	Rhône au Rhin... Fr.	800,000	F. 7,537,300 pendant 25 ans.	188,432,500
	Quatre Canaux...	4,723,200		
	Bourgogne.......	1,650,000		
	Arles à Bouc.....	364,100		
1858.	Rhône au Rhin... Fr.	400,000		7,137,300
	Quatre Canaux...	4,723,200		
	Bourgogne.......	1,650.000		
	Arles à Bouc.....	364,100		
1859 à 1864.	Quatre Canaux... Fr.	4,723,200	Fr. 6,737,300 pendant 6 ans.	40,423,800
	Bourgogne.......	1,650,000		
	Arles à Bouc.....	364,100		
1865.	Quatre Canaux... Fr.	4,330,227		5,980,227
	Bourgogne.......	1,650,000		
1866.	Quatre Canaux... Fr.	3,250,413		4,900,413
	Bourgogne.......	1,650,000		
1867.	Quatre Canaux... F.	335,517		1,985,517
	Bourgogne.......	1,650,000		
1868.	Bourgogne.			1,650,000

Fr. 286,720,027

COUT GÉNÉRAL DES CANAUX.

	LONGUEUR.	COUT PAR KILO.	TRAVAUX.	INTÉRÊTS ET AMORTISSEMENT.	TOTAL.	PAR L'EMPRUNT.	PAR LE TRÉSOR.
RHONE AU RHIN. . . .	k. 351	fr. 90,000	f. 31,650,000	f. 26,404,270	f. 58,054,270	f. 10,000,000	f. 48,054,270
QUATRE CANAUX. . . .	1,213	133,000	161,029,000	180,545,757	341,574,757	68,000,009	273,574,757
BOURGOGNE.	242	230,000	55,706,000	65,817,600	121,523,600	25,000,000	96,523,600
ARLES A BOUC.	47	244,000	11,487,000	13,952,400	25,439,400	5,500,000	19,939,400
CENTRE	117	84,000	9,870,000	»	9,870,000	. »	9,870,000
	k. 1,970	fr. 135,000	f. 269,742,000	f. 286,720,027	f. 556,462,027	f. 108,500,000	f. 447,962,027

fr. 556,462,027

Le Trésor a déboursé ou déboursera pour les Canaux. . . . . fr. 556,462,027
Il a encaissé par l'Emprunt. 108,500,000

Il reste par conséquent à sa charge. . . . . fr. 447,962,027

Non compris :

1° 30 Annuités pour le rachat des actions de jouissance;

2° Les dépenses nécessaires pour achever et perfectionner les canaux.